AF399272

MATKOJEN MÄÄRÄ

Justin Larma

Matkojen määrä

runopäiväkirja

Kustantaja:
BoD – Books on Demand, Helsinki, Suomi
Valmistaja:
BoD – Books on Demand, Norderstedt, Saksa
ISBN 978-952-330-768-1

Matkojen määrä

runopäiväkirja

30.3.-6.7.2016

MATKOJEN MÄÄRÄ

6

Niin kuljettavat
elämän aallot korkeat
niin katsoo hän huomiseen
rakkaudella entiseen
sinua hän katsoo
sinua kaipaa
aika yhteinen

Kun kellot
soittavat viestiä surun
Kun kesä
taittaa kasvua suven
käy yö lakeuden ylle
valmistaen astinta valitulle

Kätkee yö
surun viittaan
aamuun nousevaan
matkansa päättymään

Taittuu hentoinen korsi
kellot soittavat
viestiä surun

Olli Härmänmaan muistolle 29.6.2016

Runopäiväkirja

Lukijalle

Aloitin runojen kirjoittamisen syksyllä 2014 Riihimäen kansalaisopiston Tarinat talteen –ryhmässä runotaiteen-opettaja Marjatta Merikanto-Martikaisen johdolla.

Tapanani on kirjoittaa lähes päivittäin ja inspiroitua milloin mihinkin aiheeseen ja kuljettaa lukijaa päivittäisellä kirjoitusmatkallani toden ja fantasian maailmassa.

Tervetuloa matkalle kevättalvesta kesään!

Riihimäki heinäkuussa 2016

Mauri Laakkonen

Maspalomasin yö

30.3.2016

Tummuu ilta yöksi
tähtien loistaa
hämärä polku
valoisaksi

hieta rannan kuohuissa kylpee
meri syliinsä sulkee

Kuohu kulkee
etsii omaansa
huomaansa

Jäljet huuhtoutuvat
pois pyyhkiytyvät
askelkuvat

Pimeys saa
saattaa taivaltajaa
yksin kulkevaa

Auringonpalvojat

1.4.2016

Riviin
kymmeneen riviin
makaamaan auringonsuolaan
sovinistit
feministit
ja nekin jotka alastonta
lihaa kuolaa

Pennut
melskaa altaalla
muovipallojen perässä
kellukkeet olkavarsissa
pelaavat pienten pelejä
kirkuvat, nauravat
huutavat

Allasvahti tylsänaama
tuijottaa
altaan vettä
voi että
olisipa vapaus
ilman kiirettä

Aurinko
polttaa lihanpintaa
punastumaan pakottaa
rasvavuoret kellottaa
toista rasvaa
pinnalleen
kertoimilla suojaamaan

Makaa
kansat
sikinsokin
suorissa riveissä

Onnen avaimia

3.4.2016

Rakennettuja
uusia, uusia, uusia
aina vaan uusia
tuossakin kalliorinteen juurella
kymmenen
uutta taloa vesikatossa
onnenkudelmat ovenrivoissa
odottaa kiivaasti
ruuhkavuosissaan
mylläävien
painamista
yötä päivää
määräaikaa kohti
kunnes tulee valmista

Ja sitten sisään
kamat ovista sisään
ja panemaan
paikat kuntoon ja järjestykseen
ja lapset
alulle

Maalari

5.4.2016

Punaisella maalasin
koko seinän, alhaalta ylös
ja takaisin
lakaisin vanhat irti revityt tapetit
rikkalapioon, varrettomaan

Sinisellä maalasin
mielikuvituksen taivaan alhaalta ylös
ja alas
riipuin roikkuvissa pilviriekaleissa
aamuun, aamusta iltaan

Vihreällä maalasin
maiseman äärellisen, merkillisen
merkityksellisen
upposin vihreään, eksyin
synkkään, metsään

Valkealla maalasin
mustan yön, aamuksi
heräsin
sinut herätin, yksin
jäin aamuuni, sänkyyn

MATKOJEN MÄÄRÄ

15

Keltaisella maalasin
valkeat lakanat, päiväksi
alkavaksi
verhoiksi ikkunaamme
salaisuuksien suojaksi, alkuun

Aamun äärillä

7.4.2016

Miljoonittain sinisiä viiruja
joita horisontti vetää puoleen-
sa
sinkoaa avaruuden peitoksi,
pumpuliin
pilvien taakse

Katso hopearantuja
pilvien reunoilla
meren ja aavan yllä
loistavat säihkynä silmille
aamuun herääville

Tuuli saapuu
taivaan kannelta soittaa
viuhuen puissa kuiskii
veden nostattaa
laineilla koristaa

Yksin lokki kaartaa
tuulta vastaan
myötäiseen nousee
pian taas vastaan
piirtää sineen kuvan lennostaan

Vetiset

8.4.2016

Vetiset simpukat lilluvat
ties missä keitoksessa
ei kumminkaan kuten ravut
tai minä
punaisena auringonoton jälkeen
tai
keitinveden kuivuttua kattilasta

Siinä ne ovat
vähemmän haluttavat, syötävät
raatosina, kattilassa
valmiina lautaselle, ehkä usealle
ilman keitinvettä
ja minä punainen, etelän auringosta
rasvakerroksin koristeltuna
valmis syömään vaikka mitä
ja ehkä juomaan
vielä enemmän

Vettä

Uneton yö

9.4.2016

S ammakonreisiä
ylellisiä herkkuja
uneton yö
ilman tai vailla serkkuja

laulu

se kurnutus
ei pääty eikä ala
on loputonta
unet vievää

posketonta
lemmen lietsontaa
ilman olevalle

Turistin herkut

11.4.2016

Valkoinen sämpylä ja ranta
viini hieman makeanhapanta
hedelmäistä, tiedä näistä
mitä lirua joukkoon lypsäneet
rypäleet kun itse talsineet
makuelämykseksi turistille
niin just,
   sille
   ahnaalle viinisiepolle

Litra sangriaa
kilo suklaata
nakkeja
juustoja kokonainen vuori

   Herkutteluksi meni
   mukana
   joka epeli

Kahden vaiheilla

12.4.2016

Katse kulkee, harhailee
rajoja etsii, hämärtää
kaipauksen ovi kolahtaa
hän heräilee
unestaan ja ymmärtää
saa tuoni odottaa

Aurinko siivilöi kultaa
verhot silmien edestä murtaa

Hän katselee alkavaan päivään
haluaa vain olla
näin vaan, hiljaa, itsekseen
ei enää paluuta ikävään
lähtö sovinnolla
huomiseen, lääkärin tarkastukseen

Kuu kuparoi otsaa
pian ikävän suru kohtaa

MATKOJEN MÄÄRÄ

21

Leijuvat aaveet
yskösten tulvassa
hiljaa hautautuu
maailman äänet
laulavat enkelit, haaveet
riemussa hartaassa
hälvenee, sulaa uneksi
maan ääret

Loistaa tähtien tarha
soittaa avaruuden kansa

(Pedron muistolle ja osanotto omaisille)

Tanssi

15.4.2016

Kiihkeä ja vallaton
viehko sävel mieleen on
se imussaan vie rytmiin kiihkeään
askel kuljettaa tunteeseen syvimpään
kun kaksi taipuu tanssin riemuun
askeliin, kiihkoon, yö vaihtuu aamuun

Bolero tulinen
samba syvän punainen
tango ylimaaginen
valssi kevyt taivaallinen

Hytkyy jenkassa vuosirenkaat
polkasta posketkin punaiset
hulluuhumppaa humalikot

Narikasta kutsu nasahtaa
tulukee
ens viikolla uuvvestaan

Pilvet

18.4.2016

Ne roikkuvat!
Ne uhoavat!

U hkaavina ja tummanpuhuvina
lähestyvät
kuin eilisen unohtaneet
kuparia hohtavan iltaruskon jälkeen
sadepilvinä saapuvat
raskaina soutaen
valmiit hyökkäykseen

Ne saapuvat!
Ne tilan valloittavat!

Pisarat irtoavat
rapsahtavat kuivuneeseen peltoon
rantahiekan askelkuvioihin
pilkuttamaan
niskavilloja vilvoittamaan
vesivanoin suojatonta
kiusaamaan
pian istuu märin pakaroin

Ne ryöppyävät!
Ne kastelevat!

    Lammikossa onneton
    läpimärkä kasvoton
    suojaa etsii vaatteeton
    ilkialaston
    mytty vierellään
    häpeissään

Pilvet kirmaa
uutta etsimään!

Unikuvat

19.4.2016

Keitetty kolmessa keltaisessa soosis-
sa
kuoripojan köökin kaasuhellalla
sinisiä ne olivat
ennen kuin sulivat
ajatukset muhivat

Kateudenvihreät toiveet
paistuivat ruskeiksi kuoripojan liedellä
pannussa
kahvattomassa
rasvattomassa
tulipunaisiksi paloivat
poroksi lopulta

Se sarvipää
viskoo kinttuja mennessään
matkaa kohti pohjoista
unen puhkoo sarvillaan
katon vettä vuotamaan
vilustaa
tekee musta toipilaan

Unessa vaan...

Hän

20.4.2016

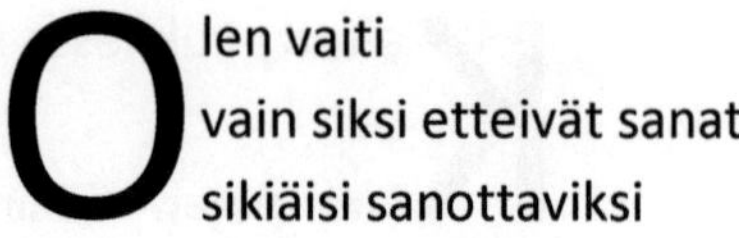

Olen vaiti
vain siksi etteivät sanat
sikiäisi sanottaviksi

Miksi?

Olen aito
vain siksi etten koko ajan sano
sanoja tulkittaviksi

Siksi!

Olen hän
joka hiljaa kuuntelee.
Hän
joka sanansa kirjoittaa.

Hän.

Utopian uunileipä

20.4.2016

Kohosi taikina
mielen porstuan kaapissa
hunnun alla lämpimässä

Kohosi ja paisui
sydämenvilja oppimaansa
käden kosketuksen hiipimässä

Kohonnut paistui
kaikille maistui rakkaudella leivottu
kodin ainoan kätkyessä

Kasvoi miesi ja neito
maailman syliin leipomuksinensa
muistot, taidot, eväinänsä

Huuhtoi maailman meri
muistojen aarteet
vaalensi ne kuin kaukaiset saaret

Soljui helmaan huominen
toi uuden
totuuden

Pahan sylit

20.4.2016

Kuin ruokko orjan lapsi
katsoin huomenta toivottomasti
häkin heinillä rautatankojen varjot
huoli mielessä
erojen kauhut

Sisko silpoutui vihon syliin
saapuivat raiskaajat yön yli
kirkuen kajotut itkee
sammuu toivo
usko hyvän aamuun

Vaan aika hiljaa kirvellyt
kovat arpensa jättänyt
kasvaa uudeksi
uusi taimi
oma on
vaikka oudolta näyttää

Matkakellosi mukaan

21.4.2016

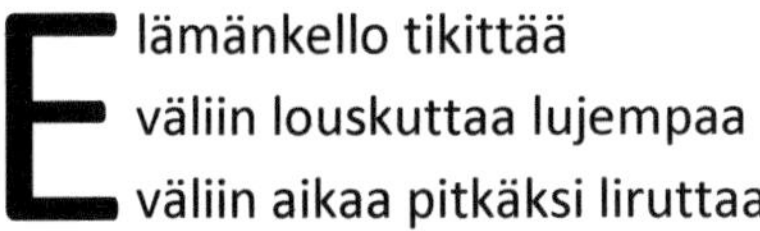

Elämänkello tikittää
väliin louskuttaa lujempaa
väliin aikaa pitkäksi liruttaa

Odotat laiturilla
kevään ensimmäistä saapuvaa lauttaa

Juna tulee asemalle
poimíi matkaansa
ne muutamat
jotka haluavat palata myöhemmin

Saaristolaislautta tulee hakemaan sinut
ja minä katson
kuinka kevät vie
talviystävyyden

Aika päättyy jotta
uuden voi alkaa

Tuulten tullen

21.4.2016

Koskisinko tuota uutta huomista
tuntemattomuuden sormin?
Itkisinkö kaiken varalta
heleän naurun pois
ja hengittäisin raikasta ilmaa
kuivumassa olevien
pellavalakanoiden välissä
ennen tuulta
joka vedet kuitenkin nostaa silmiini
niin
tai ne hiekanjyvät
tuulen tullessaan nostamat

Ei - pyyhin mahdollisuuden pois
ennen kuin kyyneleet nousevat
annan lakanoiden tuoksua
mäntysuovalta ja kesältä
ja jättää muistiarvet mieleeni
kun kosken uutta tuntematonta

Ja - pellavalakanat liehuvat
vain jos pyykkipojat pitävät kiinni
toivottavat
elämänraikasta huomenta

tuulten tullen
saapuvat pääskyset

Askeleet sannassa

21.4.2016

S eitsemäs aalto siemaisee rannan
syleilyynsä
vaahdottaa pärskien hiekan sileäksi
ja pakenee kesken halauksensa

Astelen rantaa kanssasi
askeleesi painavat muodon
ja puristavat veden hiekanjyvistä
hymyilen
kilojesi voimaa
ja kahlaan veteen
etteivät omani paljastuisi

Kesäkuntoon on vielä matkaa

Kahlaan syvemmälle
luvattuihin toiveisiin
hymyilen taas

En ole ainoa

Askelin harmain

21.4.2016

Kuulen tulosi
kun rappuja kaputa alas
kuten jokainen aamu
kuulen kyllä
vaikka et enää kavunnut alas

Huoneeni hiljaisuus
riiputtaa munalukkoa ovessasi
josko kuitenkin
palaisit
tulisit
olisit

Vanha talo harmaita täysi
ikiaikaisia ajatuksia
puupalttoo muistojen kellarille
se rapun narahduskin ikääntyi
vaalensi tummat kutrini vitivalkeiksi
kuin enkelin siivet
aina tuuleen tarttumassa

Kevät sulattaa jään
harmaankin yltä
vilustaa hetken
antaa auringon avata solut
keveään kasvuun
etsimään paria
paria pesään, lisääntymään

MATKOJEN MÄÄRÄ

33

Harmaa muistaa
    muistaa
        kuiskaa

on vuoro toisten
geeninsä ikuistaa
kätesi kulkiessa kaikkea kohti
kuinka palaan matkalta

Minä vain

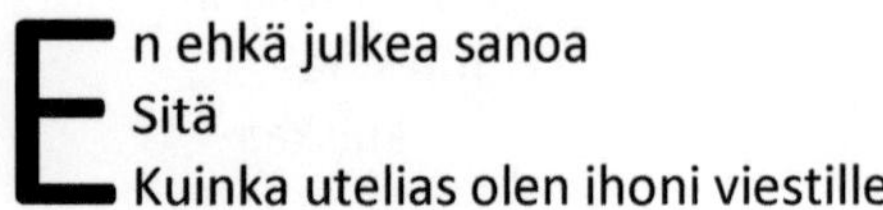

21.4.2016

En ehkä julkea sanoa
Sitä
Kuinka utelias olen ihoni viestille

kuinka jälleen nousen kiitoon
kuinka loputonta kaikki voikaan olla
juuri silloin...

En ehkä ymmärrä vieläkään
Sitä
Kuinka lumosit kaiken aarteillasi
veit kuin virta vie
henkeä salvaten
henkeä haukkomaan
ja hengästymään
ja kuinka suloisesti tunteet virtaa
juuri nyt...

Yhä ymmälläni
onnestani

Elämä kuoressa

22.4.2016

Resuinen mies nykymaailmassa
on jotakin tavallista
rikkirevityin farkuin
lävistykset suupielessä
kaikki vähän pielessä
syrjäytyneenä oman läppärin maailmaan
kuin ihmistä ei tuntisikaan

Resuisin rikkirevityin farkuin
muodikas
niin tavallista, erikoista
yksilöllistä ja samanlaista
mielikuva kaikilla kaikessa sama

Resuinen mies, resuihin mieli
kaikki hajalla, mielipahalla

Aukeaa uusi päivä
ja muodikas resuinen
arvoasemaan kohoutuu
tullaan kotoa kysymään olemassa oloaan
kuvia tuhat ja kaks, lehtijuttu ja julkisuus
työkkärin ja sossun asiakkuus
ovat kova sana mediassa

Hirtehinen huomen
huomasi lääkäri luomen, katosi huomen

Menneet

23.4.2016

Hiihtohaalarit roikkuvat
saunan eteisen naulakossa
yhä samassa
kuin vuosia sitten
kun riisuit ne siihen
ennen löylyjä
ja viimeistä uintimatkaasi

Istun verannalla
katson sinut siemaissutta vettä
järven selkää
kauas
ohi horisontin
taivaalle
kirkkaina vilkkuvia tähtiä
ja yhtä
erityisesti rakastamaasi

Vilkutan sydämelläni Sinulle
tiedät kyllä
miksi.

Ihastuksia ja..

24.4.2016

Kevyen ilmavat ihastuksen siivet
kantapäissä
askelta keventää

Leijuen matka saa

Sykertyy ymmyrkäiseksi
ymmälleen
kuin satua kuulemaan

Taivaanranta hohtaa vaaleanpunaista
purppuraa

Oksa katkeaa
rymisten ryskää
unelmalinnaa ravistaa

Painuu askel, kuvan syvän piirtää

Siivet katoaa
keveyden pakoon
kiiruhtaa rakas pettymys

Syli

26.4.2016

Tyyni
vahva selkä
kauas yltää etäisyys
minä pienenä äärelläsi
meri

Äänesi
toistuva rauha
huokuu kaukaa
maininkina saa
rantaan

Voimasi viimein
vuotaa vaahtopäiksi
kiskoo rantahiekan
särkiksi
alleen

Mertani katson
saapuvia aaltoja
rakastuen joka askeleella
muistijäljiksi
katoamattomiksi

MATKOJEN MÄÄRÄ

Istun sylisi viereen
hiekalle, kostealle
tavoitettavaksi
odottamaan kosketusta
varpaissani

Tulet
suolainen suudelma mukanasi
avaat sylisi kokea
runsautesi
huuman

Kiepun hetken
aaltoon seuraavaan

Hetko

26.4.2016

M inä tunnen sinut
salamana aavistan
sukusieluisuuden
vaikka kävelet pois

On se aika

27.4.2016

S iintää
kaukana vuoret
sumuharsot harteillaan
pilvet kiikkuvat sylissään
Auringon säteet kurkkimassa kyljissään

Virtaa puro kevääseen

Solisten kirkas vesi
riekkuu rinteitä laaksoon
kukkakedoilla vuokot ja esikot
nousevat aamuun
satojen lintujen lauluun

Kuiskaus tuulen

30.4.2016

Liehuu kevään viitta
maiseman yllä
kevyin auroin
puhkoo taivaan pilvilauttoja

pois lipuvat muistojen pilvet
hälveten taivaanrantaan ja
kotiin kulkevat
yön tummat askeleet

hiuksissa kuiskii tuuli
aamua alkavaa
sydän huutaa riemua
rakastavaa

ylkä jatkaa matkaa
samoaa sydänvirtojen yli
kadottaa välillä suunnan
kunnes kuuluu kuiskaus
tuulen

Ymmärrän tärkeän

1.5.2016

R isuinen metsäpolku tukossa
tykkylumen riipimistä latvoista
käyn harppoen matkaani
runkojen ylitse, lomitse
kohti suolampea
ikuista sanojeni kuulijaa

Kun saavun
se hiljaa huokaa
peilikuvallaan taivaan paljastaa
kasvoni
elämän kuluttamat,
joista katsovat silmät
tunnistaen katsojansa

Pieni rahi paikallaan
vuodesta vuoteen aloillaan
odottamassa istujaa

Korppi kaartaa kuusten yllä

Suon reuna kuplii hiljaa
tyynnyttää matkalaisen mielen
kuuntelen hiljaisuuden täydellisyyttä
vaitoa rauhaa

Kuuntelen
hiljaa

Sydämeni yskii rakkautta

Istun ja katson
yhä päivän laskiessa saapuvaan hämärään
kun illan aisat käyvät kupeilleni
on lähdettävä matkaan

Toisenlainen aamu

2.5.2016

Kevätaamussa sinivuokkojen tarina
valkorunkoisten koivujen lomassa
Hiirenkorvat kurkkivat oksilta

Riemukas hetki
täynnä peipon laulua

Leppä kukkii urpujaan roikottaen
pajut kissojaan pullistaen

Mustarastas liittyy laulukisaan kuusikosta
peitoten rastaiden räksätyksen

Ja kevättuuli nousee kesäiseen
löytää lämmön siivilleen

Tuona hetkenä taivaansini
valtaa katseesi
hiuksesi hulmahtavat aalloiksi
kuin merenkuohut rannalla

Ja minä vain katson
Sinua

Huitsin nevada

3.5.2016

Menkööt sinne kaikki ne,
joille tavallinen elämä ei kelpaa
sinne,
Huitsin Nevadaan
kelaamaan
ruikuttamaan kaikkea mahdollista
ja mahdotonta

Ihmisen elämän arki kun ei ole lepokoti
mukavuuden mylly, jossa jauhautuu
vain kultaa ja kunniaa

Lopulta tavallinen arki
onkin se kirkkain ihanuus
hien ja tuskan kautta saavutettu

Kyllä sen blondikin ymmärtää
että paskaa maa tarvitsee
jotta siinä jotakin kasvaa

Mulla se ei aina tunnu menevän jakeluun

Paljon, enemmän, koko elämä

5.5.2015

Avasin silmäni
katsoin ihmeellistä maailmaa
ymmärtämättä kaikkea tulevaa
matkaa joka yhä jatkuu

Avaan silmäni aamuun
ihastuneena yhä uudelleen ja uudelleen
kauneuteen ympärilläni
kiitollisena matkaan, joka yhä jatkuu

Aamut avaavat päivän
eletyt päivät muistot
rakkauden elämään
päivä kerrallaan

Vuosien määrän takaa
katsoo ymmärrys kompastusten määrää
hyväksyen
kuljetun tien

MATKOJEN MÄÄRÄ

Aamun aurinko loistaa
valaisee päivän matkaa
kuljettaa illan kuutamoon
yön tähtitaivaan alle

Matka yhä jatkuu
lepää tähtien alla
täyttyen unelmilla
kaikella eletyllä

Puuni

11.5.2016

Minun puussani
on vahvoja oksia
sellaisia ajan ryhmyämiä
mutkiin muotoutuneita.

Niissä minä roikun
päivieni päähän.

Minun puussani
juuret ovat syvällä
etsien vesisuonia
viheriön alta.

Sinne minä kurkistan
historiani pohjakerroksiin
syntyyni, kuolooni.

Minun puussani
linnut laulavat elämää
aamusta iltaa
yön hiljaisuutta

Sitä minä kuuntelen
elämänvirtaa

Konkelo

13.5.2016

Keltainen huntu veden pinnalla
kevään riemu riekkuen pilvien reu-
noilla
alla kiitävät lintuparvet
kohti kesäpesää
aamu herää
varjojaan lyhentää

Valo vaeltaa
leikkaa hämärää
kultaiset viirut
etsivät kuusikossa kohteitaan
herää luonto
aamuun vihreään

Harmaa kelo
kunniapaikallaan kallion laella
oksin maata kumartaa
latva taivasta hipoo
konkelossa koti,
tikanpoikasten

Vanha

13.5.2016

Istu tynkä tuulen alle
katso korkealle
metsäin taakse
järvein ylle
kotikonnulle hylätylle

Kuiskaa kylmä kevättuulet

Vaan viheriän nostaa
suvi ruohomaton pihamaalle
varpunen kotiaan rakentaa
verannalle

Louskaa saranoilla vanha ovi

Tönö hyljätty on hiljaa
vajuu muoto kohtaloonsa
rapistuen unhon alla

Kiikkukeinu kenturalla

Oliko pakko sanoa

14.5.2016

Riennä sanojesi perään
pilkuta maailma täyteen
pisteitä, kaikkien tihruta

Kuluta kynäsi terää
viillä viivoiksi, sanoiksi, kuviksi
mustaa valkoinen, ajatuksen synnyksi

Kaartele, kaivele, kiroa
kirjoita vaikka jotakin rivoa
onhan tuota intoa

Hassuja ajatuksia
mudasta nousevia sammakoita
sanoja vailla merkitystä, merkittyinä

Kuitenkin räjäytit taas
erään maailman pirstoiksi
itkevien kuoro laulaa

Siinä se on edessäsi
mielipiteesi tällä kertaa
                tuliko parempi mieli?

Yksin odotan

14.5.2016

Tyhjää täynnä
istun, katson, en näe
he huomaavat minut
en kuitenkaan näy
olen
olematta

penkillä on paikka
puhumattoman vieressä
tarpeeton, huomaamaton
varattu
yksinäiselle yksin

elementtitalon asunto
nimi ovessa
postinjakajalle tuttu
ei koskaan
postia

yksin kyyhötän
odotan
kirjettä
tulematonta
ja kun se saapuu
on myöhäistä

Verho

14.5.2016

Leppäpuussa
urvut kurkkivat kesää
Orvot oksat kuivina roikottavat

Lettupino puutarhan pöydällä
hurmaa tuoksullaan kärpästä

Vielä ei ole ampiaisen aika

Sinä harsoinesi
ojennut avoimesta ikkunasta
tuulen syliin
liehuvin laskoksin
nipsut nirskuen kiskolla

Saapuvan suven hurma
viskoo sinut tuulen juoksuun

Pelargoni hymyilee kirkkaanpunaista

Riehut villinä kevään valossa
ikkunan raamit kaulassa
kurkit kuvaasi ruudusta
riemukkaasti leyhytellen helmaasi
naulaan repeytynyttä
kevyttä kaistaletta, riepaletta

Kevään kello käy kohti kesää

Tie vie

15.5.2016

Hän
Minä
Me

Käsikädessä

Kävelemme hiekkatietä
kujeillen, sydämet leikkien

Otteesi kevyt tiivistyy kädessäni
tunteesi porautuu sormieni lomiin
kiipeää kuohuen tietoisuuteen

Olet
Olen
Olemme

Sydänystävät, rakkaat

Toistemme lumoissa
kevään riemukkaassa illassa

Yhteisen tien alussa
kaikki näyttäytyy lumoavana
sadunhohtoisena, ikuisena huomisena

MATKOJEN MÄÄRÄ

Olimme
Olit
Olin

Tärkeät toisillemme

Tie vain ei riittänyt
meille molemmille

Sillä kohtaa kulkumme erosi
jatkoin hiekkatiellä
Sinä siirryit asfaltille

Riemun reunat

15.5.2016

Riekun hilpeänä
kuin apina
banaanilaatikoiden päällä
ja etsin ajatusten solmukohtaa
sitä missä nauru repeää vallattomaksi

Liekö mahdollista
nielaista ymmärrys
ja olla hiljaa

Ei tietenkään silloin
kun riemu on suurin,
tirsuu hymy suupielistä kumminkln
ja hämmentää vakavan

Muistatko vielä vesikirpun, sen
jota lapsen tavoin seurasimme
juhannusyönä
kun aurinko
piirsi varjojaan varpaillemme

MATKOJEN MÄÄRÄ

Oli aika olla notkea apina
mölytä
ja meiskata

Riemu sisälläni
nostaa ilmaan
hersyvän naurun
eikä se pakene
yhtä naapurin lausumaa perkelettä
Ehkä kutistuu
vahingoniloiseksi hymyksi

Ei muuta

Vuoro

15.5.2016

Numero otsassa
vetää vakavaksi
olenko seuraava?

Hempeät vihreät versot
hehkuvat auringon lämmössä
varjossa
   kirkkain valoraidoin

Kuljen hitaasti tynnyrissä
osa kerrallaan läpivalaistuna
pelontuntein
   aidoin

Se päättyy, satuttamaton matkani
nousen sijaltani toisenlaiseen valoon
aloitan päivän
   puhtain paidoin

Annan vuoron seuraavalle
ja astun kevääseen
   niinhän tahdoin

Ihana yö?

16.5.2016

Kamala meuhka
jätkälauma leuhka
istuu iltaa olusilla
jutut ku teineillä pahasilla
kiertää samaa kehää
himot herää
joka naisen perään

Istuu jätkät olusilla
yön lopuilla
aamu neljää kello näyttää
pitäs taksi porukalla täyttää
kimppajakelulta ajo näyttää
kaasuhanaa, hanaa
vuorollaan jokainen huutaa
kääntää taksi suuntaa

Hei jätkät jumankauta
annettiin väärä suunta!
Ei, ei, ei haluta
kotiin kävellä Keuruulta.
Piti mennä toiseen kuntaan
eiku nokka toiseen suuntaan.

Vilppulaan taksi vilahtaa
raha kassaan kilahtaa
etsii örveltäjät kotioviaan
yö ohi, aamu sarastaa

Mikä mies?

16.5.2016

S aavun
Minä mies
mittani mukainen
pää paljas kuin aivoitus
karvapää tai köriläs

Leuassa villi karvoitus
hiirenlovi on varoitus

Elämän tuskat ja riemut
kannan syntymässä
perityin hartioin

Käsivarsiin voimaa hain
rintakehän tynnyrissä
Sykkii raivoisa sydän

Vatsaa litistää tai pullistaa
sipsit, limu ja lihis
lantioilla keikkuu vuosien viesti

Reidet lupailevat voimakkuutta
käynnin jousto eroottisuutta
askelet pohkeita pinnistää
etumusta housujen kiristää
näky masentaa tai virkistää

MATKOJEN MÄÄRÄ

Suomalainen mies
no joo...

Hihansa käärii tai polttaa

Naisensa valloittaa tai unohtaa

Kotiin ruusuja kantaa,
            ehkä turpiin antaa

 Löhötä osaa -
            voi juosta kovaa
            karkuun ja kohti kotia
            sotia

Kiukkuilija

18.5.2016

S anat tunkeutuvat
ravistamaan tietoisuuttani,
ajatusteni rataa,
luomaan tuntemuksia,
joita en huomannut olevan

Rippunen uskallusta tarvitaan
ymmärryksen tielle, jota
silmät ummessa kuljin?

Tuokin ärräpää
pani ensin ymmälleen,
kunnes avasi silmät
ja tuntemuksen syyn

Sadattele jos tykkäät,
syystä tai ilman,
kuuntelen, sen minkä havaitsen

Kellun kuuloni varassa,
ilman naamakuvaasi,
naapurustossa heräävät aamu-uniset
unilinnoistaan

Sinut on huomattu.
Ainakin minä,
yritän yhä ymmärtää

Haarapääsky

19.5.2016

S ulavaa.
Jään jälkeen.
Sulat.

Toukokuu.
Kesäkuu.
Kesä.

Räystään alla savimaja,
koti,
pesä.

Haarapääsky.

Sulavasti lentämässä
sinisen taivaan kilossa
pikkuhyönteisten perässä.

Pesässä.
Poikaset elonsa alussa.

Luonto herättelee

20.5.2016

Kirvat, hiirenkorvat ja karvat,
siitepöly, allergia, villakoirat ja
kevät
ulkona, sisällä ja korvien välissä
vuotaa silmät, nenä, sanatulva

Pyyhkii, niistää, aivastaa
vaan irti ei pääse vaivastaan
allerginen

Luonto pukeutuu vihreään
kukilla koristaa oksiaan
pensaita, puita, perennoja
villiviini kiipii seinustalla

Valkovuokkoja metsät täynnä,
odottaa suopursu suolla vuoroaan,
voikukat valtaa pihamaan,
vimmaisesti niitä ryhdyin poistamaan

MATKOJEN MÄÄRÄ

Konttasin polvet rakoille,
ei sovi homma heikoille
selkä huutaa hoosiannaa,
mites nyt suu pannaan,
urakka kesken jää
ei kestä polvet, pää

Tsiuuu!
Auts!
Taipuu intomieli työstään potilaaks.

.....mutta huomenna jatkan

Kärähti

21.5.2016

K arahkan päässä
 tupakanpolttajan
 märkä paita
resuisena,
reikiä täynnä

Mustat rannut
rusettina vihreässä kankaassa

Tupruttelija istuu
maha punaisena
nurmikolla,
ulisee iho rakkuloilla
ämpärin ääressä

Tuli töpeksittyä
kehno osaaminen tulentekijänä

Pelmahti paita tuleen
tikun raapaisulla
pikkukännissä
räystään alla
aamuvarhaisella

Saa nähdä

22.5.2016

Omenankukat ryntäsivät
täyttämään kaikki oksanhangat
valkoisella
Kuin kesäinen lumi, ne hohtavat
säälimätöntä kauneutta
sulattaen jokaisen sydämen
joka niiden alle uskaltaa

Ajatukset liitävät Japaniin
mielikuvageishojen puutarhoihin
kirsikankukkien lumottuihin
saloihin

Tupsahtaa naapurin eukko kadulle
ja huikkaa:
-On kaunis tuo teidän omenapuu,
SAA NÄHDÄ, tuleeko yhtään omenaa

Saa nähdä, tuumaan
ja nousen ihastumispaikaltani
- suuntaan saunaan

-saunaako lämmität,
saako siellä hyvät löylyt?

Saa nähdä, totean
ja uteliaalta piiloon katoan

Sunnuntaiaterialle

haiku
22.5.2016

Possunfilettä
paistan köökin uunissa
paistopussissa

Minitomaatit
fileen paistopetinä
tuo mehukkuutta

Korvasieniä
hieman mukaan ujutin
koemielessä

Kaksikaksiviis
paistolämpötilaksi
oli ohjeessa

Suven tullen

Tanka
22.5.2016

Toukokuun aamu
valossa kylpeviä
valkovuokkoja
tuuli hiljaa keinuttaa
pihapuiden katveessa

Vuohenjuuretkin
villiintyneet kasvuunsa
niityn reunassa
on kevät kukkeimmillaan
kukat väriloistossa

Peipon poikaset
matoja ahmimassa
kotipesässä
suuren koivun oksalla
varpukaton suojassa

Pois

25.5.2016

Hellepäivän kuumuus
ui hekumana kehossani
kihisee ja kohisee
aivoissa
etsien viilennystä
varjoista, puiston perällä
suuren vaahteran suojassa,
nurmella,
makaan reporankana

Koira tuijottaa

Suihkulähde solisee hiljaa

Vaahtera havisee kevyessä tuulessa

Käteni etsivät sinua
joka eilen menit pois,
koskettaa paikkaasi,
tyhjää

Pakarat

26.5.2016

K ipu viiltävä selässä
tässä juoksussa
pysyn vain perässä

Kun vauhti hiipuu
kivun tunteessa
syynä ovat
suomalaiset pakarat
olemattomat

Tutkivat valloissa,
kirjoitti joku tuloksista,
että kankun puute
altistaa kivulle

Sen fysioterapeuttikin
mulle totesi
on soukka perseesi,
anna pakaroille kyytiä
saa selkä ryytiä

Notkista nikamia kevyellä jumpalla
liikkuvuutta venyttelyllä
liiku hyvällä ryhdillä
vatsaa sisään pinnistä
ja pakaroilla
käyntiä edistä

Varhain

27.5.2016

Harmaudessa vihertää
Aamukasteinen ruohikko
Vesihelmin koristeltu heinikko,
jonne pieni linnunpoika piipertää

Köökin pöydän äärellä
sanat liki, aivan lähellä

Hiljaisuus avaa avaran
liidättää runon kiitoon
ajatusten siirtoon
pohtimaan asioita maailman

Kahvipannu lörpöttää
omaa tarinaa

Mietin taloa, punaista tupaa
pöytää akkunan äärellä
kahvikupponen vierellä
on varhain, ajatus vapaa

Muistojen arkku

27.5.2016

Pielustalla
hymysi jälki

Lattialla
kadonneet askeleet

Hengitän
tuoksusi rippeet

Muistojeni arkku
ei unohda

Väärin

27.5.2016

Teinkö väärin
kun rakastin

Vaikka sanoitta sen tein
tein sen sydämellä kuitenkin
kunnes huomasin
tulkitsit sen toisin

Olemuksesi huutaa sanoja
ei tunnista läheisyyttä, kosketusta

Sydämeni lämpö haalenee
etsii kylmyyttä tuekseen
taistelussa palkastaan
yhteiseen, olevaan

Kun ovi sulkeutuu
uusi toisaalla avautuu

Nousin kummulle
katsomaan meidän taivaalle
tummia pilviä
toivon repaleista sineä

Tartuit käteeni
joka tuskaa kuristi

MATKOJEN MÄÄRÄ

Sulivat tuska ja surut
itkivät,

pisaroivat pilvien urut
valoivat uskon
ei mikään ollutkaan väärin

Löytyi oikea
tie matkaamme kulkea

Kiikkerille kiville astelimme
kohtaamaan kuitamme,
tähtiä,

jotka eivät vielä syttyneet
syntyivät lumon kiteet,

siteet

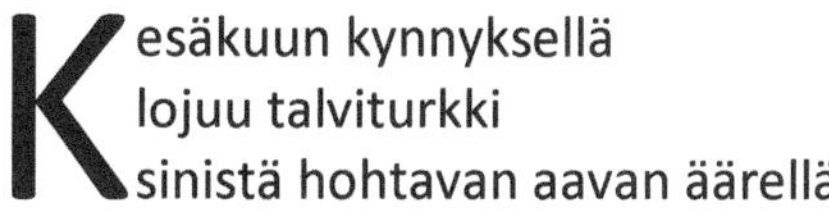

Uuden edessä

27.5.2016

Kesäkuun kynnyksellä
lojuu talviturkki
sinistä hohtavan aavan äärellä

On sulanut jäärä
kammennut kylmyyden
rakkauden tuleksi

Pitenee päivä
unohtaen yön ja aamun
rientäen illan ohi

Yksinäinen sirkku
etsii pesää

Jätetty maa

27.5.2016

Siellä se on äärissä
matkojen päässä ääni,
Äänisjärven aalloilla
Laatokan saarten rannoilla
ikävä, sukupolvien taakse
vaipuneiden riemuihin
äidinikäävään rintamalla

Kannaksen tanner hyytyi
kasvoi umpeen matalin närein
vajonneiden juoksuhautojen läpi
kulkevat turistien askeleet
etsivät muistojaan, löytäneet

Koto sukupolvien takana
muistot salvattu
kadonneiden ovien aukoista
rusentuneiden arpien yllä
korkea taivas
joskus siniristilipuin koristeltu
värjäytyy iltaruskoon
vieraan kielen saattosanat
mukanaan

Turkoosi talo huutaa yötä
vaalenpunaisen rinnalla
Käyskelee hautausmaalla kansa

Ruusupuun istuttaja

28.5.2016

Multaa hän kaivaa
käsin känsäisin,
tottunut ihoon paljaaseen
kolhut ottamaan
arpensa, rupensa kantamaan
ihossaan

Kuopii kuopan taimelle
juurakolle
joskus kukkiaan kantavalle
syvänteen odotukselle
toiveille
piikkivartisten nousta
loistoonsa
näyttää katsojalle
kauneus rajaton
takaa haavojen

Aatamin aamu

28.5.2016

Saapuu sävyisä
lempeä lämpö
kiilaa valon hämärästä
väistää yö
herää Adam
täynnä ihmetystä
yöstä eletystä
alkukantainen vietti
kiertää kehoa
sykkii alkavan päivän
alkavaa iloa

Eroksen matkaan

28.5.2016

Tarttuu voima turtaan
kaivaa esiin purttaan
uroon mieli matkaan

köysistön lumo
purjeiden uho

meren pärskeet
kaiken pesevät
suolaiset

luodolla majakka
väkevää ohjaamassa

ahavoiva viima viiltää
katse horisontissa

Muistan

28.5.2016

N iin kaipaan
itken ja ikävöin
kaiken sen perään,
mitä ja miten,
kuuluneeko kenellekään

Vaan näkeehän sen
kuulee toinen ihminen
luulonsa takaa
kun kurkistaa
totuutta, oikeaa

Eksyneen ilme kasvoillani
mutru suupielessä
painuvat hartiat
itkuun silmät
kyyneliin pyrkivät

Sormenpäät muistavat
ihosi vanat valkeat
lämpösi hehkun
tuoksun hiuksissa
rauhassa

Täyttyi matkasi määrä
aika minun
yksin jäädä

Sinä et

28.5.2016

Tuuli kosketti
Hyväillen hiuksiani leyhytteli
mukaansa halusi
kuin minä sinut
Sinä et

Se otti minut syleilyynsä
riuhtoi hetken voimallaan
irrottaakseen paikoiltaan

Sekoitti hiukseni
Vangitsi huomioni

Seisoin yksin tuuleni kanssa
Se lupasi tulla takaisin

Sinä et

Tuulentekijä

28.5.2016

Leuto tuuli kelluu veden yllä
vaiti on, voimaton
virkistyy kyllä,
kun käy pohjoinen

Viimaksi yltyy tuulen ylkä
puhuriksi pohjanpoika
myrskyjä mylvii
mantuja tornadoilla tölvii
tuulten suku myllää

Istuu tuulentekijä
tuolillaan, tietäjä
taikojensa lumoissa

Ovat muut poissa

Hönkii taikakalujansa.
lentoon toivoo luitansa,
muutoin ei usko kansa,
tietäjä taitoihinsa

Oven pitää olla auki

29.5.2016

Se lukko
roikkuu elämän ovessa
ja minä
sen kynnyksellä,
sille palaan alati uudelleen
kertaamaan
lähtökohdat
varmistamaan ettei ovi sulkeudu
huomaamatta

Oven pitää olla auki

Lukko ovessani
on vain hämäystä
vain rohkea uskaltaa
lähestyä
ja kurkistaa sisälle
antautua elämälle
sen lähtökohdista
alusta
jokaikinen päivä
omana itsenä

MATKOJEN MÄÄRÄ

Ovi tarjoaa mahdollisuuden
löytää se uusi
kokematon
sukeltaa kanssani
löytämisen mereen
tyrskyihin
ja tyveneen

Kellua riemastuttavissa
mielikuvituksen aalloissa
tappion tyrskyissä
olla joskus eksyksissä
etsiä ovea ja kynnystä
...ja uuden alkua

Voi kun osaisin

29.5.2016

Kuuletko?
   Käki kukkuu!
   Vuosia,
montako sait?

On kevät
kesä portin pielessä
pelargoni ja lobeliat
amppelissa

Sinä istut verannalla
ja kuuntelet käen kukuntaa
ja vuosiasi,
vlelä noin monta

Sinä muistat kuinka
vuosi sitten
käki lupasi vähemmän
edellisenä enemmän
saisit pitkän elämän

MATKOJEN MÄÄRÄ

Sinä toivot
toivot ja yhä toivot
unelmillesi muodon
muutakin kuin vain paljon
tai enemmän

Sinä toivot
että osaisit rakastaa
ja ymmärtää kaiken
tämän

Seppele hiuksissa

30.5.2016

Keltainen
kukkameri ruohikolla
kisailee valon kanssa
Istut voikukkien keskellä
ja punot seppelettä
joka pian kruunaa kauneuttasi

Kesämekkosi
helmoissa ja hiuksilla leikkii
lempeä tuulenvire
liekutellen suortuvia
kasvoille

Katsot
pihan yli
minuun, varjossa
minä varjoa
vierelläsi

Hurmaannun sulosta
kasvoillasi, kukista
hiuksillasi, valosta
poskillasi, kesämekkosi
viehkosta

MATKOJEN MÄÄRÄ

Voikukat hiuksillasi
kuin lapsuudessa
äidin punomat
kai sen muistat
istuimme pihapolulla
kun äitisi tuli saunalta
vihta kainalossa
polvistui viereemme
teki seppeleemme
kutreillemme

"Kullamurut
teillä on edessä elämä
eivät vielä paina surut"

Katsot pihan yli
minuun, minä
Sinuun
kutreillasi kukkaseppele

Odotus

31.5.2016

Hitaasti käy aikani
eiliseen odotus katosi
vuosien pirta ajan kokosi
ohimoni harmaannutti
kehoni vangitsi

Katson ääntäni
tyhjän huoneen seinillä
näkymätöntä varjoa
hämärässä

Teipatun maton äärellä
seison tyhjän vankina
pystymättä ottamaan
askelta, en uskalla

Tyhjä huone
tyhjä mieli
tukena rollaattori,
oven pieli
ei ketään
ei mitään
minä yksin
odotukseni kanssa

Hoitaja tulee kahdeksalta

31.5.2016

Vaikka sydämeni itkee
Eivät silmäni luovuta
kyyneltäkään

Vaikka sydämeni nauraa
Eivät kyyneleet tule
sittenkään

Tarvitsen sut

1.6.2016

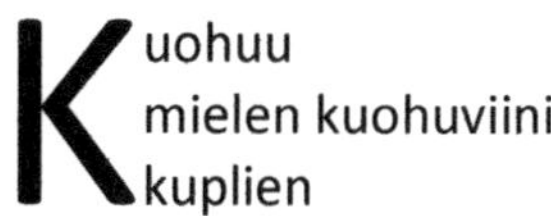

Kuohuu
mielen kuohuviini
kuplien

Kuohuu mieli
viininkuohuun
kaivaten

Hetken vapaus
unohdus
olisiko lohdutus

Vain pako
plllo
pelon osoitus

Kuohuta
mielesi on se viini
jota tarvitsen

Silmiesi katse
sanasi
ovat juoma
joista humallun

Sut tarvitsen

Vahinkoistunto

1.6.2016

Istunko mutalammikossa ilosta?
Panen ajatuksen vetoa
vahingon puolesta,
jolle nyt yritän nauraa selityksen.

Hitsi että pitikin
livetä juuri sen rapakon kohdalla.

No minkäs teet
tässä istun kainaloitani myöten
ja t u i j o t t a j i a p i i s a a.

Jotkut jopa tirskuvat,
kun aikuinen mies lutraa kuravellissä
kun pikkulapset.

Oon varmaan näky.....

No ei mulla oo kurahousuja!
On kyllä märät housut.
Ei tosin siitä syystä,
vaan tästä!

Voisko joku? Voisko joku auttaa? Voisko
joku auttaa ylös?! VOISKO?

...joku auttaa ylös

Joskus näin

4.6.2016

Pakanoilla on iloinen elämä
uskovilla ikuinen saatana
pelon kurkistus kurkussa
uskaltaako sanoa
tanssia
heilutella helmoja
ei
pitää olla kädet ristissä
otsa kurtussa ja
nuttura kireällä

Puhtoisena synnyit
sielultasi vapaana
oikean oivallus sydämessä

Tulivat viikatemiehet liippoineen
saarnamiehet körttien kamareihin
armahtamaan langenneita
lankeamalla armahdettavaan
uskomaan
tuonkin väärän oikeaksi

Lapsi katsoo, näkee, kuulee, ymmärtää
kun kohtaa hämärää
kolttakyliltä etelään
saarnamiehet lymyää
syntiä syvää

Huomisen arvoitus

4.6.2016

Odotan,
odotan aina
saapuvaksi kaiken
kohdattavaksi tarkoitetun
jota en itse löydä

Etsin
odotan löytäväni
toivomani
heränneen oivalluksen
jonka voin kohdata
elää

Vaikka huominen tulee
tänään ei sitä vielä tiedä
mitä se tuo muassaan

Onnellista
onnellista se on

97

5.6.2016

Tulit kuin lounatuuli
lämmin henkäys
elämääni
kirkas katse katseeseeni

Ei kiellä kohtaamasta

6.6.2016

S avu,
  savumerkki,
  viesti kumpujen takaa
metsän yllä
leijuu leijana lavealla
harmaana vaippana
sinisyydestä siiten

Mitä se kertoo,
kiepuksi pyrkivä,
tuulen vireessä?

On jotakin
mistä et tiedä.
Ajatus on lausumaton
kertomatta vielä
kuin kutsu
johon ääni ei yllä
mutta sydän kaipaa,
yrittää yltää, ymmärtää.

Savu leijaa tykö
viestinä olevasta,
ei kiellä kohtaamasta.

Sisikuntasi soittaa hymnin
Asettaa oveen onnen avaimen

Kun on aamu

8.6.2016

Taivas piirsi kuvajaisen
Kirkkaan, kuulaan, erilaisen
toisti pilvet veden pintaan
pikkutarkan toisen taivaan
kellumaan lumpeiden sekaan
pienten särkien piiloksi
hämöksi katseelleni

Ihastelen peilikuvaa
joka veteen sulaa
tuulen vireen kulkiessa
uria pintaan piirrellessä
kuinka kuikka sukeltaa
aamuäänten viritessä
käki kukkuu kevättä

Nukkuu kyyhky

8.6.2016

Pienten enkelten siivet
pilkkuina tähtitaivaan

Yön tumma sini
taittaa siipien valon
    lasten katsella
        aikuisten ihastella
            vanhusten kaivata

Avaruuden revot tulia lieskoo
riekkuvat ajatukset unelmien virtaan
kieppuvat kuparivuorten yllä
hopeisten uomien pirtaan

Pienet enkelten siivet
lehahtaa lapsen matkaan
nukkuu kyyhky
aamu-untaan

Marjaisaa

8.6.2016

Hillopurkissa
ahomansikkahillo
lettuja varten

Mustikat maistuu
piirakassa parhailta
sanoi naapuri

Karpalohillo
juhlistaa riistapöydän
kirpeydelläänkin

Lakkahillosta
jäätelöherkku syntyy
erinomainen

Pannaan omenat
makoisaksi herkuksi
hillo leivontaan

On aika

10.6.2016

Tunturin laki hohtaa valkeaa
taivaalla pilviratsut kiiruhtaa
pohjoistuulen puhurilla
vihmoen vesipisaroita

Laen lumet sulavat
puroiksi kivisille rinteille

Kurun varvikossa
lumi vielä lymyää
graniittikivikossa

Harmaa poro yksin
vaeltaa kohti kylää
tunturissa

Astuu mies kodastaan
katsomaan tulijaa
vuosien kuluttamaa
poroaan

On aika
hän ymmärtää

Kiilopää

11.6.2016

Tunturipuro solisee
kirkkaana lumensulavettä
rinteillä vielä kesäkuisen
lumisateen rippeitä
askeleeni suuntaavat kohti huippua
vaivaiskoivujen reunustamaa polkua
joka on tehty vaivattomaksi astella
(varmaankin EU:n tuella)

Liuskekivirappuja rinteessä!
Vaihtuvat puisiksi tovin asteltua.

Vaivaiskoivut kutistuvat
matavat maata myöten
kasvusto harvenee
ja hupenee kivikoksi.

Pohjoistuuli puhaltaa ajatukset
talvisiin tuiskuihin
viima käy luihin ja ytimiin
katse siirtyy horisontin sineen
huikaiseviin etäisyyksiin
Tunturien loivat kummut
jatkuvat loputtomiin

MATKOJEN MÄÄRÄ

Aurinko kutittelee maisemaa
valoläikin
avaa sinisyyden viittaan valonkeltaista.

Laaksossa tunturikuuset seisovat
hoikkina ja tummanvihreinä
naavaparrat oksilla

Kiilopään huipulla on kasoittain kiviä
ihmisten kasaamia röykkiöitä
iso ja lukuisa määrä pieniä
kuin toteemeja tuijottamassa
etiäisiä

Istahdan
katselen
kuuntelen

Maisema kuljettaa katsetta
pilvien alla

Sen tarinan loppu

11.6.2016

Kuppi nurin
kahvi on juotu
ja pullanmuru suupielessä
kertoo omaa tarinaansa

Sokerihelmi on sulanut
lautaselle
munkkipossun tähteenä
makuelämyksen jäänteenä

Saana

13.6.2016

Kulleroiden renustamat
pitkospuut, louhikkoisella
vaivaiskoivurinteellä
lemmikit kukkivat
vilkkuen taivaan turkoosia

Edessäni tunturi
Kivikkoon tallattuja polkuja
tuhansien kokemusten reitti
pohjoistuulen saatto
ylemmäs, ylemmäs, ylemmäs

Huikaiseva korkeus
avaa uuden maailman
kun kaikki suureksi luultu
kokee pienuutensa

Tunturin tarinassa
se yksin on voittaja
syli täynnä rakkautta
lampia, kivikkoa, puroja
tarjottuja kokemuksia

MATKOJEN MÄÄRÄ

Etsin askelilleni paikkaa
hurmaannun näkemästäni
etäisistä lumihuipuista
tunturijärvien ja lampien sinestä
tuulesta
joka pörröttää valkeat hiukseni
kuin etsien kaltaistaan
valkeiden huippujen sarjasta

Karu kauneus riisuu sydämen
ottaa paikan, jota kukaan ei
voi varastaa
mykistää ihmeen ääreen

Alhaalla kiire odottaa
odottaa
odottaa

Meren äärellä meressä

16.6.2016

Aamuni
avaran meren äärellä
hiekkadyynien sylissä

Katseeni tähyää etäisyyden
Rantakallan horisontissa,
matalan rannan
houkutuksen askelille,
kahlata, kahlata, kahlata
sinne missä särkät
kurkistavat syvyyteen
ja suolainen merivesi
huuhtoo ylimääräisen lämmön

Kellun ajatusteni aalloilla

Lokki kaartaa ylle
tähyää matalasta sirrejä
piirtää valkoisella raidan
ajatusteni siniseen

Kesän lämpö huuhtelee
veden pinnan
kasvoni
kuivaa suolan iholleni

MATKOJEN MÄÄRÄ

Kahlaan takaisin
sillä maaemo on kotini
jalusta eloni alla

Tämänkin kokemuksen tarvitsin
Hetken meren äärellä

Luojan luoma

17.6.2016

Niin astut
kuin osaat,
viisivarpainen,
jalkojasi siirrellen
matkaa edeten

Kumarrat
ylistät
teet taikoja
manaat
ennustat
lopun aikoja

Vaan matkaasi kuljet
määrän kerrallaan

Astelet
kiipeät
etsien kipuja ja voittoja
humaltuen
huomiosta
murehtuen tappiosta

MATKOJEN MÄÄRÄ

Sellainen olet
luojan luoma

viisivarpainen

Askeleen edellä
askeleen jäljessä
harva
kirjoissa ja kansissa
usein voittajana
vain
unelmissa

Ääniä aamussa

17.6.2016

Raikkaasti soi peipon laulu
kesäaamussa
sateen jälkeen
pesäpuustaan livertää
kilpaan tiainen yrittää,
kuoroon pinnistää
omalla rytmillään

Västäräkki mökin katolla
keikkuu, etsii hyönteisravintoa
suuren variksen tumma hahmo
vaakkuu nurmella
mustan harmaana,
kun heinäsorsa ohi lentelee
ja kas, luodolla
lokit parveilee

Tuuli tarttuu puiden latvuksiin
kahisuttaa lehtimassaa
viuhuin kiinni havupuiden oksiin
kävyn alas sinkoaa
se napsahtaen peltikattoon kolahtaa

heräämisen ääniä kaikkialla
lapset jo pihalla

Minkä uskomme

17.6.2016

Rakkauden voittaja
sydämeni hellyyden täysi
vuotaa
ilon virneitä
kasvoilleni
sun edessä

Tavoittelen käsilläni
kurkottelen syliisi
yhä uudellen sen
minkä uskomme täydeksi
onneksi

rakkaudeksi

Unelmia

20.6.2016

Yön hiippa
häviää tuntureiden alla
kotiovelle istahtaa
lämmön tupaan saa
höyhentyynyn lämpimään
nukahtaa

Aamun orsi
valoon kurkottaa
päivälle kumartaa
askareisiin kiiruhtaa
kohti suurta unelmaa

oottaa satumaa

Päivän pääsky
lentää liihottaa
viuhuin siivet sitä kiidättää
halki taivaan
pieksää tuulet
saapuu kotiin ajatukset uudet

MATKOJEN MÄÄRÄ

115

ilta hiipii oven raottaa

Illan impi
kampaa hiuksiaan
uroon uho
silmin suljetuin
kohtaa ihon unohdetun

käy leuto tuuli tunturin
myrsky meren syliin

Ilo

21.6.2016

S e kuplii kuin kuohuva
kosketus huulillasi,
herkkä hipaisu iholla,
sykkii syvältä ja
pulppuaa
kuin kirkas lähde

Ilon tuska
riipii suomut silmiltä,
raastaa hymyn murjotuksesta
virneeksi kasvoille,
nykiväksi riemuksi
jota ei voi pidätellä

Ilo pulppuaa kuin kirkas lähde
seesteisellä turvesuolla
kanervien ja pursujen keskellä
rahkasammalseppele reunoilla

Ilo pulppuaa kuin kirkas lähde
järven pohjassa
hiekkakiteiden tanssissa

Ilo pulppuaa kuin kirkas lähde

Kaiho

23.6.2016

M ieli niin haikea
kaipaa entistä arkea
jotakin uutta ajatonta
elämätöntä,
todeksi olematonta

Viehkeys seuloo
surureunaiset unelmat
sokaisee
valheelliset kuvitelmat
epätodeksi,
kasvattaa unelmiksi

Ja sydän kaipaa
krääsän keskeltä
yksinkertaista elämää
ilman sälää

Paljous pelottaa
kulutus kilpailee pois rauhan
pakottaa hamuamaan
turhankin tarpeelliseksi
ja hiljaisuus
katoaa kohinaan,
huutoon, meteliin

MATKOJEN MÄÄRÄ

Kaihoisin mielin katson eiliseen
rauhallisuuteen
kadonneeseen

toiveikkaana huomiseen

Kaihonkukka kurkistaa kiven alta

Ai kun sie

23.6.2016

Ai kun sie oisit
oisit ja tekisit
tulisit
olisit
oi kun sie olisit
olisit ja tekisit
menisit
poistuisit
ja takasin tulisit

Oi kun sie oisit
tulisit takasin
ja miut mukanas
veisit
hyvänä pitäsit
mulle ainut oisit

Keskikesällä

23.6.2016

Kirjava on elämä
Raitoina matossa
Tahroina paperilla
Savuna ilmassa
Tuhka keinumassa aalloilla

Pieninä luulimme
Isojen olevan viisaita
Katsoimme ihaillen
Suuria esikuvia
Elämän alussa
Nuoruusvuosina

Tulivat kirjavat vuodet
Huolet
Pois pyyhkäistyt
katoavat

Vaan tanssiksi panin
Juhannusta juhlin
Unohdin
Kiireet, märeet,
itkujen longat

Elon merkitys

24.6.2016

Matkaa kuljen
elämää elän
ja ihmettelen
kuinka kaikkeus on täysi
erilaista elollista

Ikäkö lie
mielen pehmeäksi vie
suremaan varhain päättyvää
elon kevääseen menehtyvää
jäniksen poikasta jään

Äsken se loikki
onnellista aamuaan
ei päivään ehtinyt

On vain ymmärrettävä
sen tehtävä
toimia osana ravintoketjua
luopua elosta
ketun hampaissa

MATKOJEN MÄÄRÄ

Riemukkaasti repolaisen jälkikasvut
saaliinsa kimpussa ahertavat
emonsa suojasta
luonnon helmassa pian
kirmaavat
ja paikkansa ottavat

Ajaa auto lujaa kylätiellä
ei ymmärrä ajaja vielä
vauhdin vaaraa, hurmaa
suistuva ajokki surmaa

Suru painaa hartioita
pohdin eloa katoavaista
vauhdille
ei riittänyt yksi ajokaista

Pysähdyn
ja yritän ymmärtää
päättynyttä elämää
ja kaikkea uutta
syntyvää

Ihmeen äärellä
ymmällä

Mikä on?

24.6.2016

Päättyi onnen kiima
iski arjen tylsä viima
jäytää mielen saranoita
ruostetta pukkaa
mieleen ja sydämeen
kestämättä pohjoistuulta

Raivo ottaa vallan
parkuu, huutaa tuskan
erimielen alustalta
onnen auringon
pilviin piilottaa

Tänään lensi kuppi ja kapusta
itseni löysin rapusta
satoi salamoita
raivon puukkoja
parkuja
mielen kohtia arkoja
sivalsi ja viilsi surutta

Kysyin: mikä on
Vastasit: ei mikään
Olen sanaton

Onnellista, onnellista

24.6.2016

Sumu silmissäni
ilon kyynelistä

riekku sydämessä
riemun rippehistä

askel kevyt
onnen tuntehista

kätesi lämmin
koskettaa rakkaudesta

sanasi kauniit
kertovat tuntehista

katseesi lumoaa
viestii tunteista lämpimistä

sydän sykkii
yhdessä elämistä

löysimme toisemme
nautimme

hetkistä ihanista

Vastakohdat

24.6.2016

Tuota mietin
miksi nainen autoa kadehtii
esineeksikö haluaisi
esineen paikalle

Mielikuvat harhautuvat
kuvitelmiin hellyydestä
kun ukko huolta pitää
romusta rahan arvoisesta

Eivät auto ja nainen ole vertailukohdat
vaikka auton kirkkaana hohdat
vahatut kyljet
lämpö ja rakkaus
ovat vastakohdat

Rutiköyhä rikas

25.6.2016

Jos rikkauvet maailman saisin
suu supussa säkkiä kuljettaisin
joskus avaisin
sanaisen arkkuni kantta
jakaen viisautta
köyhälle palan vaurautta
venytettyjä pennejä
iloksi sydämelle

Jos rikkauven tähden
kuivuisi sanojen lähde
köyhäksi palaisin
salaisen säkkini avaisin
kaiken pois antaisin
sanoisin
parempi köyhä sanoin
kuin rikas mykin muinoin

Niin rikas on maailma
sanojen kumartajana
etten vallasta piittaa
piilouduin runouden viittaan

Onnenhippuja

25.6.2016

Hilipatapippaa
Kuorma-auto kippaa
kasan maailman muruja
hiekanjyviä kiiltäviä
pihapolun katteeksi
paljaat varpaat niillä tanssivat
työnriippa, velvollisuus niskassa
lapio kourassa
haranpiikit tanassa

Hilipatapippaa
leikitään hippaa
kuin silloin lapsena
pienin, paljain jaloin
Kirmataan nyt metrin pituisin askelin

Hilipatapippaa
mulle lantti vippaa
ennen kuin kuorma-auto kippaa
kasan lähelle terassin lippaa
Maksan sillä tulevan ilon
hiekanjyvät varpaisiin

Hilipatapippaa
Puhalla nokkosen tuomaa pippaa
hiekkakasan reunalla
tahdon paljain jaloin
tanssia
kuin silloin
lapsena

Näetkö vihreän?

25.6.2016

Verhon takana kokonainen maailma
odottaa katsetta huomaamaan.

Katson siniharmain silmin
värimassaan syvemmälle
arvaillen vihreyden kätköjä

Kallion pinnalla elämän jäljet,
meren hioma menneisyys,
sammalten ja ruohojen kasvun aamu.

Katseeni lipuu horisonttiin
verkkaisesti pienen purjeveneen
matkassa
seurailen usvaan katoavaa
pian kaipaan sen mukaan

Vihreä mänty huokuu kesätuulessa
Rauha ympäröi eloani
hetkeä ajatuksiani

Maistan kesää
ruohosipulin vihreää vartta

Festarityttö

26.6.2016

Mansikanpunaiset unelmat
totisena puhkuvat posket
pinnistyksen äärellä
ohimosuonet pullistuvat
kun kesän ahertajat rehkivät
festarilavaa kiireellä

Mansikan tuoksuiset
kuolaavat
lavan reunalla
julkkisten miehustojen alla
kokemuksiaan paljaiksi kirkumalla
maistamaan
elämän mehuja

Soitto päättyy
yö saapuu hurmokseen
pieni mansikkaposki lankeaa
houkutukseen
mansikanmakuinen huulillaan

Päivän pelastus

27.6.2016

Tavallinen onni
kulkee rinnallani
sulkee sisäänsä iloni
ja suruni, kätkee
sädekehäänsä,
jota itse en huomaa

He katsovat tyköni
ahnaasti ja ihaillen
eivät huomaa tuskaani
vain kasvoni
hymyyn kiedotut

He hymyilevät hymylleni
tavallisen onnen
miehelle
ja pelastavat
päiväni

Hiljainen

27.6.2016

Nyt kun maailma on hiljainen
nyt kun päivä yrittää pankolleen
hiipii puiden latvoissa
kurkistelee uskaltaakseen

Nyt ymmärrän aikaista aamua
nyt sen harmaan hiljaisuuden sävyt
jotka väistyvät
kirkastamaan värit päivään

Valo huuhtoo hopean pois
valo hehkuttaa
vihreiden sävyjen virran
koristaa aamun varjoillaan

Vielä hetken maailma on hiljainen
ennen lintujen laulua ja
oksistoon kohoavaa
aamukonserttia

Kun se päättyy

28.6.2016

Kauppakassinsa hän pudottaa

rappukäytävän kiveykselle,
väsyneenä istahtaa odottamaan
voimiensa paluuta

Vielä olisi jaksettava
muutama rapun väli kerrokseen
vielä olisi avattava ovi ja
päästävä huoneeseen

Piimäpurkki ja leipä

Mies kohottaa kätensä ja
tuskaisena puristaa rintaansa
kyykähtää kassinsa päälle

.....piimä valuu käytävälle

Punaisia

29.6.2016

Kimalaisen tanssi apilaniityllä
kesäisenä päivänä
Punaiset kukat
pellon täysi heteitä
humalluttavaa kiitoa
sykähdyttävää intoa

Särjetty sydän syrjäkylällä
pienen kamarin perällä
Punaiset posket
silmät vailla itkua
pettyneinä ulos katsovat
kadonneita unelmia

Satojen autojen vilinä
kaupungin kadulla
Punaiset autot
pörräävät katkuja
jatkavat matkoja
tarkoituksettomia

Aurinko laskee
huumaavaan iltaan
Punainen taivas
ennustaa sadetta
pian maailma nukkuu
odottamaan huomenta

29.6.2016

*Kujeillen kumarsin
huomasin
sinun pitävä siitä
ettei mikään riitä*

Onnellisempi?

30.6.2016

Kuormastani otettiin
ja annettiin tilalle
surusilmäinen olen
iloa tavoittamassa

Jo melkein hymyilen

Kummallinen kaato

30.6.2016

O le lähelläni
kuolemani
jotta elämäni
ymmärtäisin

Sähise vihaasi
itsekkyys
jotta löytäisin
omantuntoni

Itke maailman raatoja
tuhoaja
jotta muistomerkkisi
sinusta muistuttaisi

En niin huonoa saa
etteikö joku sitä
joskus minulta veisi

Löytynyt

30.6.2016

Niin usein olen
siivonnut turhalle tilaa
ja yrittänyt piilottaa
katseilta kaikkea
jo löydettyä

Hymyni ei sokaissut
sillä he näkivät senkin
minkä luulin
olevan piilossa

Kipu tuli kolostaan
ammottava tyhjyys mukanaan
enkä huomannut
sitä itse

Kipeää

30.6.2016

Ehkä en ymmärtäisi
jos et kertoisi
tien olevan polku
jolta saa livetä

Ehkä ymmärtäisin
kuinka vaikea on
jalattomana kiivetä

Mutta uskaltaisinko
ymmärtää omaa tyhmyyttä
joka jäytää
ymmärtämättä

Seinään hakattu pää
on kipeä
ja suu huutaa samaa tuskaa
kanssasi

Katoavaa

30.6.2016

Kaikessa on sinun jälkesi,
hiipuvan himon painallus
pehmeää

Kuu sirppinä taivaalla
leikkaa sen
viimeisenkin

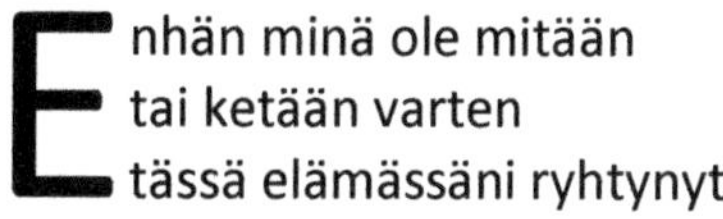

Enhän minä

30.6.2016

Enhän minä ole mitään
tai ketään varten
tässä elämässäni ryhtynyt

Olen vain ollut
ollut ja kellunut
olemisen tyhjiössä

Kikattanut muiden mukana
tyhmille vitseille
ja katsonut sulkeutuvia portteja

Kellunut minä olen
rikkauden helmoissa
köyhän elämää yltäkylläisyydessä

Nyt hieman ravistaa
autonratissa
sitä varten olen olemassa

Ajamassa karkuun kaikkea
ilman vastuuta
ilman takaisin paluuta

142

Tarkoituksettomien vuosien määrä
olipa se oikea tai väärä
alkaa hahmottua

Pitele kiinni
vauhtini ei sokaise
mutta se tuhoaa

Mutta sinä

30.6.2016

S inä katsoit pitkälle
näit tulevaan ennen muita
Hymyilit sateenkaaren päässä
houkuttavasti kuin timantti
vastanaineen korussa

Eräänä aamuna se oli ohi
et enää nähnyt
kauas etkä lähelle
Edelleen hymyilit sateenkaarella
joka hupeni katse katseelta
sammui viimein

Olit juossut koko elämäsi
kaiken perässä
Visionääri
kauaskatsoja
kadehdittu edelläkävijä

Pysähdyttävä oli sinunkin
tarkistamaan suunta ja
kaiken tärkeys
elämisen todellinen merkitys

MATKOJEN MÄÄRÄ

144

Nyt katsot kaikkea ihmetellen
kaiken entisen unohtaneena
Ihastut parvekkeellesi pyrähtävään lintuun
ja kärpäseen keittolautasen reunalla

lusikoit huomisen eväitä
elääksesi tämän päivän

Kävelisinkö?

2.7.2016

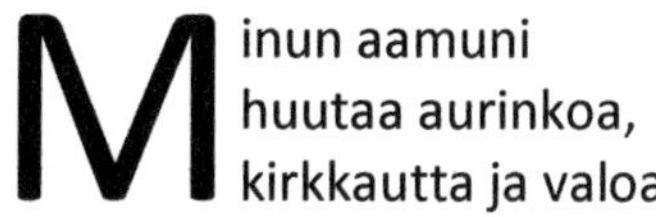

kuljen unelmien siltaa
kulunutta, lahoa
ilman yllätystä

mietin
kävelisinkö ensi yönä
kuunsiltaa ehoa
pimeän verho
valoisuuden huntuna

salaisuuden hämy
houkuttaa kauas
uuteen ja tuntemattomaan

Omena

2.7.2016

Synnyit
Naiseksi tai mieheksi
Vastinkappaleeksi

Elät
naisena ja miehenä
vastakkaisina
toisensa tarvitsevana

Vaan kuinka kävikään
roolimallit kumota halutaan
sekoittaa tasa-arvon pauhulla
keinotekoisella

Kaikki nähdään numeroina
elämä tehon mittareina
velvollisuutena
astua alati toisen varpailla

Kun kaksi toistaan ymmärtää
he yhdessä rakentavat elämää
eivät kahmi toiselle ominaista tehtävää
ja omaansa toiselle sysää

MATKOJEN MÄÄRÄ

147

Kuin sopulit kuljemme laumoissa
liittoudumme halulla
huutaen arvostusta omilla arvoilla
yhteiset unohtamalla

Historia ei mitään ole muuttava
nainen on se jolla on omena
sitä vaan on haukattava
ja kunniansa kuultava

Tuomion portaat

2.7.2016

Hän käveli tuomion portaita
Ylös, alas, ylös, alas..
Mukanaan loputon tuska
Voittaa
jotakin josta syntyisi tyytyväisyys

Hän asteli tuomion portailla
Ylös, alas, sivuttain, ylös ja alas
Eikä löytänyt tyytyväisyyttä
Vain
loputtoman tuskan saada ja tuhota

Hän asteli tuomion portaista
Sisään, ulos, sisään, ulos
Ja hämmentyi
kun huomasi miten
väärässä oli

Hän astui tuomion portailta
Pois
Valitsi hyväksynnän ja ymmärryksen
pienten askelten elämän
Hyvän

MATKOJEN MÄÄRÄ

Hän ihmettelee tuomion portailla
Kulkevia
Aina oikeassa olevia
sokeita
vailla sydäntä

Hän katsoo ja lohduttaa
niitä joiden omatunto kolkuttaa
Virheittä kukaan ei voi matkaansa kulkea
Ei siis tuomita

Tuomion portailla
Riillää kulkijaa
Onko se onnea oikeaa?
Ken siihen vastata uskaltaa

Oman tien kulkija

2.7.2016

Miksi minä välittäisin
Miksi miettisin muiden mielipi-
teitä
eivät hekään niin tee

Ja naiset
Jaksavat olla omanlaisiaan
Heh, kuten farkkukansa
Yksilöllisiä samanlaisia

Äijien ei tarvii
ovat mitä ovat
Kaljamahoja, röllyköitä sohvaperunoita

Ei ne arjessa ruikuta
Mutta humalassa
Voi sitä voimaa, uhoa ja surkeutta

Mitä minä heistä murehtumaan
kun oikeasti olen erilainen
Tavallinen pulliainen
Ja vittumaisen osaava,
jopa erinomainen

Oman tieni valitsin
Aidan yli kurkistin

Oman tieni valitsin

En sano

2.7.2016

En sano
niitä sanoja
joita haluat kuulla

Sanon niitä
jotka ovat
minun

Maa tulvii lämpöä
kesän kuumaa hyvettä
joka paljoudessaan tuhoaa
elollista

Taivas miten sataa
suoraan laariin
sanoo maamies
meillä se menee viemäriin

Kasvimaalla taimet
etsivät korkeutta
virkistyvät sateessa
arvaa kuka unohti kastella
ja ihan vieressä
nokkonen voi erinomaisesti

No tulipahan sanottua

Sormet sileää silittää

3.7.2016

Uho ihon halussa
tahto tiivis tihkuvana
kutsu käy himon alle
lempi kesätuulen katseelle

Niin hivelee kätesi
niin kulkee kupeittemme kaarilla
niin tahtomme täyttyvä
on suven sylissä

Hyvä sylissäsi on olla
lempeä poski poskella
huulet huulia hamuten
kaulasi kaarta suutelen

Haarosi hellä hekuma
sylen täysi hurmana
ympäröi kosteus miehoni
laukkaan lempo ratsuni

Kuinka kaunis on katto taivaan
sini silmissäsi juhannus
kuuma kokko poltettuna
sydän riemukaarella

153

Sormet sormiin sulavat
uudelleen tahtovat
tuntea, täyttyä
kutsuun kesän hempeän

Uni uuvun nukuttaa
rajat raajoille piirtää
sormet sileää silittää
tahto etsii omintaan

Kaksi, uusi ihminen

3.7.2016

Ihosi huokuu, hehkuu
kun pintamme kohtaavat kokemaan
höyhenen kevyttä kosketusta
painautuen toisiimme

kuin vahva mutavyöry
vie syvälle
syvimpiin tuntoihin
ja nousee pintaan

niin mekin kaksi
kumpikin
uusi ihminen

Lehtopöllö lehahtaa liitoon
me jäämme,
lentoa katsomme
ja näemme siinä
toisemme

Löytää haluan

3.7.2016

En minä tiedä
mihin se lämpösi katosi
en tajua
elämän kulkua

Haluaisin vain
vieressäsi nukkua

Kietoa käteni ympärillesi
sulkea sinut lusikka-asentoon
ja sukeltaa

Löytää ne timantit

Lempein suvi

3.7.2016

Uinun sylissäsi kesäistä päivää
aurinko yhä korkealla
kuin aina olisi yötön yö
yö jokaista
henkäystämme varten

Olemme löydetyt
yllätetyt
syntyneet nyöreiksi
toisillemme

Lempeä kätesi
kietoo alastomuuteni hentoon
puristukseen
kuin toivoen kaiken
alkavan uudelleen

Iho iholla
raajamme etsivät suloisia sinettejä
rakkauden virrasta
joka kuohuin koristaa
hikiset pintamme
pilkuttaa yötaivaan
kimaltaviin tähtösiin

Oi yö

3.7.2016

Tuona yönä
käki kukkui
lounatuuli huuhteli hiukset
ja sade pesi ajatukset
kun katselimme vitivalkoisia
vaahtopäitä kotirantani kaislikossa

Se yö oli meidän
ja käki kukkui vieraalla pesällä

Hämähäkki kutoi verkkonsa
oviaukon laidasta laitaan
lukitsi ovemme hopeisin seitein
merkitsi aikamme kiikkuunsa
tuuditti meidät uneen
josta pää kipeänä heräilimme

Se uni oli meidän
satumme loputon

Tuhmapoika

4.7.2016

Kannoin totuutta
syntisen hartioilla
ja yritin pestä puhdasta
likaisesta
ajatuksesta, joka heräsi
kun näin sinut,
viekoittelevana mansikkatyttönä,
kesämökin terassilla

En minä sinusta
katsettani irti saanut

Kuulin miten tuuli kuiskasi
moiskautti pohjoisen puhurilla
rakeet suuhuni ja sanoi
mene hyvästi mies ja
unohda tuhmasi
sillä kiltteys on kuin sade
joka puhdistaa sinut
nivusia myöten

Ja minä menin
ja unohdin tuhmat ajatukseni

Vesileikit

5.7.2016

Sinä pisaroita heittelit
hiuspehkooni kostukkeeksi
varmaan tahallasi, kiusataksesi

En ollut huomaavinani

Sinä vesiruiskulla suhautit
päin pläsiäni kastellaksesi
uhallakin, kerjäät et joku huomaisi

En ollut huomaavinani

Sinä saavilla kaataa hurautit
kastuin läpimäräksi
vähemmästäkin, kimmastuin

Huomasit että huomasin

Minä paloletkun kaappasin
ja rantaan kiiruhdin, sinä perässä
nappasin syliin ja järveen viskasin

Luoksesi uin

Satuolentoja

6.7.2016

Muistatko keijut niityllä
lahon kannon menninkäiset
ja näkin pihakaivossa?

Satumaailma kurkkii nyt
raitiovaunun penkin alla,
metrotunnelissa ja
Linnanmäen kalliolla

Pääkaupungin hurma
on väliaikainen ja kirskuen
kulkevat menopelit kiskoilla
kaduilla, maan alla ja kohti pohjoista

Siellä vesien keskellä
ihan pääradan kupeessa on
Vaaleanpunainen huvila
korkealla kalliolla

Sinne vien keijuni,
menninkäiset ja näkit katsomaan
maailman todellisuutta,
kaupunki rakentaa aina vaan uutta

MATKOJEN MÄÄRÄ

Palatseja prinssille ja prinsessalle
lasiseiniä, teräspylväitä, asfalttia,
kivetyillä pihoilla kukkia
vain ruukuissa

Lennä keijuni purkkipellolle,
menninkäinen terässalkoihin ja
näkki Töölönlahteen sukella
ja kirkasta vesi kirkkaaksi katsella

Ei perkele

6.7.2016

Ei perkele, huusit.

Minä perhonen pois liisin
päivän kestävään elämääni
haluten nähdä kaiken kauniin
ennen iltaa

Lepattavin siivin ja sydämin
etsin kukkia miljoonia
hengästyen ymmärsin
Maailmaa kaunista

En nähnyt niitä perkeleitä
halusin kaus niiltä mennä
kauneutta janoan
Sanoit, älä pois lennä

Kun palaan on jo ilta
näin päivän ja kurjat kujilla
kuintenkin oli onnellista
elää tämä päivä, elämä

Unohda sinäkin perkekeleesi
katso eteesi
löydä perhoshorisontti
kaunis maailmasi ennen iltaa

Justin Larman runokirjat

ISBN 9789522868176	Elämän virrassa, 2014
ISBN 9789523185333	Elämän kaarella, 2015
ISBN 9789523186224	Elämän tyrskyissä, 2015
ISBN 9789523189584	Elämän pisaroita, 2015
ISBN 9789523189935	Elämän sylissä, 2015
ISBN 9789523301306	Väärän kuninkaan maa 2015
ISBN 9789523303201	Kaartuu taivas, 2016
ISBN 9789523304628	Kahden maa, 2016
	Matkojen määrä, 2016

Mauri Laakkosen kirjoja

ISBN 9789523186484	Kossina Taluksessa, 2015
ISBN 9789523305731	Mauri-vaarin runokisa 2016

<u>Yhteistyöprojektit</u>

Ritu Veskarin/Justin Larma

ISBN 9789523304062	KokoNainenMies, 2016

Tuula Salomaa/julkaisija Mauri Laakkonen

Ei ISBN	Vielä, kun sydän sykkii, 2015
ISBN 9789523304314	Ennen ja nyt, 2016

Iitu-Olivia Laakkonen/Mauri Laakkonen

Ei ISBN	Eriparisukat, 2015